Contre-Amiral Félix Dupont

Charles-Félix-Edgard

Marquis de COURTHILLE

VICE-AMIRAL

NOTICE BIOGRAPHIQUE

PARIS § § § § § § § § § § § §
BLOUD & Cie, Editeurs § § §
4, rue Madame § § § § § § § §

Contre-Amiral Félix Dupont

Charles-Félix-Edgard

Marquis de COURTHILLE

VICE-AMIRAL

NOTICE BIOGRAPHIQUE

PARIS
BLOUD & Cie, Editeurs
4, rue Madame

Avant-Propos

L'année 1903 aura été funeste à l'Etat-Major général de la Marine. Il semble qu'une triste fatalité fasse disparaître rapidement ceux qui, placés à la tête du corps, s'efforçaient de maintenir nos vieilles traditions : l'esprit militaire, l'ordre. la discipline, la suprématie nécessaire du commandement, et que chaque jour davantage la place devienne libre pour les essais dangereux de ceux pour qui l'expérience s'appelle la routine ; l'esprit militaire, un état d'âme démodé ; la discipline, une atteinte à la dignité humaine ; la suprématie du commandement responsable, une insulte au principe démocratique. Les amiraux Roustan, de Courthille, Courrejolles, Penaud, Pottier, Ponty, Le Dô, tous en activité de service, tous attachés aux principes sans lesquels il n'existe pas de force navale, sont morts cette année. Dans dix ans, douze peut-être, la génération d'officiers élevés à la même école, imbus des mêmes idées, aura presque entièrement disparu. Et ce sera la fin d'une période qui ne fut pas sans gloire.

Déjà une nouvelle marine se montre. Elle ne possèdera rien de nos conceptions d'une force militaire : elle sera dégagée de nos espérances, de nos regrets, de nos enthousiasmes comme de nos répulsions et je n'ai pas à dire ici ce qu'elle deviendra inévitablement.

Parmi les camarades dont je viens de citer les noms, l'amiral de Courthille m'était le plus cher. Notre amitié datait de la campagne de Chine en 1862 ; elle ne s'est jamais démentie un seul instant au cours de quarante années. Je voudrais essayer de le faire connaître.

Charles-Félix-Edgard
Marquis de COURTHILLE
1840-1903

Le jeune Edgard de Courthille ne semblait pas destiné à la marine. Il appartenait à une ancienne famille de la Marche qui s'était retirée dans la Dordogne, où elle s'occupait d'agriculture. Il naquit en 1840, dans une propriété de son père située commune de Dussac. Après la Révolution de 1848, le comte de Courthille fut appelé à la sous-préfecture de Montfort-sur-Meu (Ille-et-Vilaine) ; et, sans autre ambition que celle de répandre le bien autour de lui, il refusa avec persistance tout avancement pour s'attacher aux Bretons, pour les aider, les protéger, les conseiller. Jusqu'à sa mort, arrivée en 1872, c'est-à-dire pendant près d'un quart de siècle, il ne consentit jamais à quitter un poste où il se savait entouré de l'affection de tous, sans distinction de parti, laissant ainsi, à son fils, un rare exemple de constante bonté, d'élévation de caractère et de désintéressement.

Après avoir commencé ses études au petit séminaire de Saint-Méen, près de Montfort, Edgard de Courthille les acheva au lycée de Rennes.

C'est là, au cours de la convalescence d'une grave maladie, que la lecture de livres de voyages le décidèrent à devenir marin. On ne saura vraiment jamais combien ces publications maritimes à images, très nombreuses vers 1850, aidèrent au recrutement des officiers de marine. Il y en avait une, entre autres, bien oubliée aujourd'hui : *la France maritime*, qui traduisait avec force, dans mille petits récits, au style boursouflé toutefois, cette puissante attirance de la mer qui agit si vite sur les jeunes imaginations. Les histoires de combats, de naufrages, les descriptions des voyageurs, réveillent toujours ce besoin d'aventures qui aujourd'hui semble sommeiller chez les Français, mais qui ne saurait disparaître.

Reçu à l'École navale en 1857, le futur amiral arriva à Brest et y fit connaissance avec la mer. A cette époque éloignée, cette première entrevue de la mer et du nouveau marin était généralement maussade. On savait que, pendant deux longues années, cette vaste étendue grise vous garderait jalousement, qu'il ne serait que très rarement question de descendre à terre, que l'on serait soumis à une discipline très dure, bien adoucie de nos jours, et lorsque les embarcations du vaisseau le *Borda* venaient vous chercher, on se laissait gagner par de mélancoliques réflexions. A Brest, en octobre, il pleut toujours. On entrevoit au loin la silhouette du vieux *Borda* estompée par la brume humide qui enveloppe la rade. C'est un cadre sans fraîcheur, une première impression juste, mais assez sombre, à l'entrée d'une carrière toute de dangers et d'abnégation.

Pour le jeune de Courthille ce fut même pis. En conduisant son fils à Brest, le comte de Courthille avait cru sage de le recommander chaleureusement au commandant de l'Ecole, le capitaine de vaisseau Barbet qui, un an auparavant, avait déjà dirigé mes premiers pas avec quelque sévérité.

Le père Barbet, comme nous le nommions irrévérencieusement, n'était pas toujours commode. Je ne me souviens pas de l'avoir vu sourire. Il fit appeler le jeune élève et lui tint ce discours d'une saveur toute spéciale :

« Monsieur, vous m'êtes recommandé. J'aurai donc l'œil sur vous. Quand vous mériterez le peloton de punition, vous irez à la salle de police. Quand vous mériterez de la police, vous irez en prison. Quand vous mériterez de la prison, vous irez au cachot et quand vous aurez mérité le cachot, je vous mettrai à la porte. »

Et c'est ainsi que mon vieil ami fut mis au courant de l'échelle, savamment graduée, des punitions qu'il pouvait encourir.

Les bonnes impressions ont de la durée. Depuis ce temps-là, il eut toujours une vive répugnance pour les recommandations et les éloigna de lui et des autres.

Après vingt-deux mois passés à bord du *Borda*, pendant lesquels la bienveillance du commandant en second, depuis l'amiral Thomasset, que nous aimions tous, vint le dédommager d'un premier accueil assez dur — un très court congé et une petite navigation dans la Manche sur la corvette d'instruction, il fut nommé aspirant de marine de 2e classe — c'était le 1er août 1859. Il avait dix-neuf ans, des aiguillettes d'or sur l'épaule, un sabre le long de la jambe. Pour lui, comme pour nous tous, c'était la réalisation d'un rêve. Cela fera certainement sourire de pitié nos intellectuels et nos esthètes de 1903. Mais au temps dont je parle, nous n'étions pas des désabusés. Beaucoup de soldats des grandes guerres de Napoléon vivaient encore. Il y en avait dans chaque famille. On écoutait leurs récits, on faisait rimer gloire et victoire, on était ému en voyant passer les drapeaux ; on était « cocardier » jusqu'aux moelles, et les internationaux étaient encore à naître.

A peine en possession de son premier grade, l'aspirant de Courthille partit pour les mers de Chine sur la frégate la *Persévérante,* commandée par le capitaine de frégate d'Harcourt, mort il y a quelques années, laissant une grande réputation de droiture, de bravoure et aussi d'excentricité.

On n'a pas oublié les causes du conflit survenu à cette époque avec l'Empire chinois : les ambassadeurs français et anglais s'étaient présentés, avec quelques navires, à l'embouchure du Peï-Ho. Ils devaient, suivant les conventions, se rendre à Pékin pour échanger les ratifications du traité conclu l'année précédente. Leur faible escorte fut reçue à coups de canon et subit un grave échec. Une réparation s'imposait et l'expédition de Chine fut décidée par les deux gouvernements. La *Persévérante* était au nombre des bâtiments envoyés dans le Petchili.

Partie de Brest le 1er décembre 1859, cette frégate à voiles arriva à Tche-Fou à la fin de juin 1860, après de courtes relâches au Cap, à Java, Hong-Kong et à l'entrée du Yang-Tse-Kiang. Dans cette navigation de sept mois, dont six passés sous voiles, le jeune aspirant acquit, avec une solide instruction professionnelle, ce « sens marin », ce « sixième sens », très difficile à définir et sans lequel tous les dons que

Dieu a pu prodiguer ne servent de rien dans le métier de la mer.

Un officier qui le possède est sur son navire comme un bon cavalier sur son cheval. Il a le secret de l'animer, de lui faire développer, dans les manœuvres ou la navigation, toutes ses qualités. Il sait atténuer ses défauts, masquer ses laideurs, le toucher de l'éperon où il le faut et quand il le faut ; lui donner, en un mot, l'allure, la vitesse, la voilure qui conviennent au temps, à la mer, qui lui permettent de s'y comporter avec aisance et sécurité.

L'officier dépourvu de ce sixième sens peut être un savant, il peut avoir des idées saines de tactique et de stratégies navales, il ne saura jamais tirer bon parti d'un bâtiment. Et s'il s'applique à un programme de constructions neuves, ce programme, séduisant en théorie, sera frappé d'absurdité dans la pratique.

Dans les continuelles navigations de son début, de Courthille trouva ainsi la base solide de l'instruction du marin et il saura appliquer son talent dans ses courses hardies sur les côtes de France, lorsqu'il était à la tête de l'école de pilotage, dans ses croisières sur la côte d'Afrique et, plus tard, à la tête d'une division ou d'une escadre.

Quelques jours après l'arrivée de la *Persévérante* à Tche-fou, l'aspirant de Courthille passait sur la frégate la *Dryade* portant le pavillon de l'amiral Protet, qui l'attachait à son état-major.

Les mois de juillet, août, septembre, octobre et novembre se passèrent en pénibles corvées sur cette rade inhospitalière du Peï-Ho, dans l'ingrate besogne nécessitée par le ravitaillement du corps expéditionnaire, sur une mer sans profondeur, brisant sur les bancs de vase qui éloignaient nos navires à vingt kilomètres du point de débarquement. C'était être à une bonne école de patience que vivre cette existence claustrale de six mois, à bord de navires mouillés hors de vue de la terre, à peu près sans communications et sans nouvelles, sous un ciel triste, sur une mer jaune comme de l'ocre et labourée, dès le mois de septembre, par des coups de vent continuels.

La prise de Pékin, puis la paix, vint enfin libérer la marine, qui s'éloigna du Petchili au commencement de décembre.

La *Dryade* fit alors route pour le Japon, passa quelques semaines à Nangasaki, port ouvert récemment aux Européens et retourna sur la côte de Chine, où l'amiral Protet, qui venait de recevoir le commandement en chef des forces navales laissées dans le Nord, mit son pavillon sur la frégate la *Forte*. Son état-major l'y suivit.

La *Forte* était une ancienne frégate à voiles qui ne se prêtait pas aux visites rapides sur les points de la côte, où l'amiral devait surveiller nos intérêts et protéger nos nationaux. Ce fut, d'abord, sur l'aviso le *Confucius* qu'il visita les ports du Japon où les commerçants européens commençaient à affluer ; puis, sur le *Déroulède,* la Cochinchine, Macao et Canton.

De Courthille avait su inspirer à son chef une grande estime. En l'accompagnant dans ces voyages devenus aujourd'hui d'une grande banalité mais qui, il y a quarante ans, offraient encore l'attrait de l'inconnu, son esprit d'observation, que l'avenir devait montrer si juste et si pénétrant, se développait. Au Japon surtout, rebelle jusque-là à tout contact européen, brusquement ouvert sur quelques points à nos regards surpris, l'on se sentait transporté au moyen âge et l'on admirait une civilisation originale chez un peuple ingénieux, où le bien-être s'était développé sous des lois séculaires, que personne alors ne songeait à modifier.

Dans les premiers jours de 1862, les amiraux français et anglais s'étaient mis d'accord pour dégager la ville de Shang-haï, centre du commerce dans les mers de Chine, que les rebelles chinois, les Taïpings, entouraient à distance, en ravageant le pays environnant.

Un corps expéditionnaire fut organisé, appuyé par quelques canonnières, et dans les mois d'avril, de mai et de juin enleva successivement d'assaut toutes les positions fortifiées occupées par les rebelles. Les villes de Kodio, Haokiao, Kading, Tsing-Pou et Né-Kio tombèrent ainsi au pouvoir des alliés. L'amiral Protet dirigeait ces opérations. Devant Né-Kio, le 17 mai 1862, il était à la tête des colonnes d'attaque lorsqu'il fut frappé mortellement. En même temps que l'amiral, l'aspirant de Courthille recevait un coup de feu à la tête et tombait auprès de lui.

La blessure paraissait grave. Mais ses vingt-deux ans et sa robuste constitution aidant, la guérison fut rapide et, le 27 juillet, la croix de la Légion d'honneur vint fermer tout à fait la blessure.

L'amiral Protet mort, de Courthille fut désigné pour servir sur l'aviso le *Monge*, où il retrouva son ancien commandant de la *Persévérante*, le comte d'Harcourt.

Le *Monge* fut envoyé au Japon, faillit y périr dans un typhon violent qu'il reçut au mois d'août, au retour d'un voyage à Hakodadi et revint à Yokohama très délabré. Il en est des navires comme des hommes ; quelques-uns sont toujours malheureux. Le *Monge* était de ce nombre. Il était voué aux coups de vent, aux échouages et aux avaries. C'est à travers plusieurs incidents de ce genre qu'il me ramena en France deux ans plus tard, pour finir en se perdant corps et biens dans une nouvelle campagne en Chine. Et c'est de ce pauvre *Monge* et de 1862 que date l'amitié qui m'a uni au vaillant camarade dont j'essaie de retracer la vie. Nous avions les mêmes illusions, et une conformité de goûts et de pensées nous avait rapprochés.

A la fin de 1862, le séjour du *Monge* en Extrême-Orient devant se prolonger encore, de Courthille fut embarqué sur la frégate la *Renommée,* qui avait l'ordre de rentrer en France.

A son passage à Saïgon, en février 1863, cette frégate prit encore part à une expédition dirigée contre les bandes insurgées de la province de Gocong, gagna l'île Bourbon, Simon's-bay, Sainte-Hélène, Saint-Vincent du cap Vert et mouilla enfin sur rade de Brest le 22 juillet 1863.

Cette première campagne avait duré près de quatre années. Pour le jeune officier, elle avait été marquée par de longues navigations, un pénible séjour dans le Petchili, plusieurs actions de guerre, une blessure. Il revenait avec une croix noblement gagnée. Le grade d'enseigne de vaisseau lui fut donné quelques jours après son débarquement, le 1er septembre 1863.

Il était difficile de commencer une carrière d'une façon plus profitable et plus brillante.

Après deux mois de repos, l'enseigne de vaisseau de Courthille fut embarqué sur le vaisseau à vapeur l'*Algésiras,* portant le pavillon du contre-amiral d'Herbinghem, mort récemment presque centenaire. L'*Algésiras* faisait partie de l'escadre de la Méditerranée ; il présentait le type accompli de l'ancienne marine à vapeur, c'est-à-dire le vaisseau de ligne de 90 canons, atteignant, avec ses machines, les vitesses, presque inconnues alors, de 14 nœuds, tout en conservant les qualités de voiliers de ses aînés. A côté de lui, dans la même force navale, figurait le premier navire cuirassé construit en Europe : la *Gloire.* A peine arrivé à la perfection, le vaisseau de ligne rapide avait vécu. Et, dans ce rapprochement entre un passé si récent et une transformation radicale où l'avenir des constructions navales paraissait difficile à prévoir, il y avait, pour un jeune officier passionné pour son métier, matière à ces sérieuses réflexions qui mûrissent vite l'esprit et dont je trouve la trace dans les lettres qu'il écrivait à cette époque. En outre, il voyait le fonctionnement précis, régulier, d'une escadre permanente, dont les effectifs étaient garantis de cette mobilité que nous déplorons de nos jours, et il développait en lui cet esprit d'ordre, cette régularité de travail qu'il a toujours montrés au cours de sa vie militaire.

De l'*Algésiras,* avec lequel il avait pris part à de nombreuses évolutions sur les côtes de Provence, en Algérie et en Tunisie, il passa sur le vaisseau à trois ponts le *Montebello* à bord duquel était installée l'Ecole de canonnage. Ce vieux bâtiment datait de 1812. On lui avait mis, dans un coin, une minuscule machine de cent chevaux à peine suffisante pour remuer sa lourde masse ; de sorte que de Courthille était destiné, jusque-là, à passer la revue de tous les types de construction : frégates à voiles, frégates mixtes, avisos à roues comme le *Confucius* et le *Déroulède*, avisos à hélice, vaisseaux rapides et vaisseaux lents. Il manquait le vaisseau mixte : ce fut le *Louis-XIV*, qui ne tarda pas à remplacer le *Montebello*. J'y retrouvai mon ancien camarade du *Monge*.

Son séjour à bord du *Louis-XIV* s'étendit de février 1865 à février 1867. Deux années laborieuses pendant lesquelles, attaché au service du capitaine de frégate second, il mena la vie la plus active. Les îles d'Hyères étaient notre séjour habituel. De loin en loin, nous transportions notre industrie bruyante de canonniers au golfe Jouan ou à Villefranche, mais notre commandant ne se décidait à ces déplacements que contraint et forcé. Le voisinage de Monaco lui semblait mortel pour le travail monotone et austère d'une école d'instruction, et il aimait à mettre en pratique cet aphorisme étonnant dont il était l'auteur : « La marine, quand on s'amuse, ce n'est plus la marine ! » Nous eûmes cependant quelques distractions, le *Louis-XIV* étant chargé de relever l'éclat de la fête nationale à Nice, dont l'annexion était alors récente et se trouvant, en outre, préposé aux inaugurations : à Ajaccio, Napoléon Ier et ses frères ; à Saint-Tropez, le bailli de Suffren.

Et quand je me reporte, par la pensée, à ces temps heureux, je retrouve, dans mon souvenir, la bonne et franche figure de mon vieil ami ; les longues conversations qu'il agrémentait avec verve d'histoires pleines de gaîté, car il avait le talent de découvrir spirituellement le côté comique des choses et accompagnait ses récits d'un rire limpide où, s'il y avait quelque malice, il n'y eut jamais la plus légère pointe de méchanceté. Dans nos moments de liberté, nous excursionnions en Provence et parfois jusqu'à Monaco, en dépit de l'aphorisme cité plus haut.

En mars 1867, de Courthille reçut sa deuxième épaulette. Il avait 27 ans et comptait près de dix années d'embarquement. En relevant les notes que jusque-là il avait méritées de ses chefs, je ne vois que des éloges. L'amiral Protet signale son caractère élevé, son sentiment du devoir, son tact en toutes circonstances, sa bravoure, notamment au combat de Hao-Kiao où, jeune aspirant, il commandait une batterie. Après la mort de l'amiral, ses successeurs s'associent à ces éloges et l'amiral d'Herbinghem ajoute en 1865 : « Honneur à la famille qui a un tel fils, honneur à la marine si elle a beaucoup de pareils sujets. »

Placé en congé après sa promotion au grade de lieutenant de vaisseau, il épousa, le 28 mai 1867, Mlle de Thonnelier de Saint-Maur, dont le grand-père avait été camarade du sien aux Gardes du Corps. Malheureusement, en 1867, les congés étaient rares et courts ; la guerre du Mexique nécessitait un très grand nombre d'armements et, au bout de quatre mois de vie de famille, il reprit la mer, pour deux ans, à bord de la frégate la *Thémis,* destinée à porter, dans le Levant, le pavillon du contre-amiral Moulac.

Revenu en France en février 1870, après avoir parcouru ces parages si intéressants qui s'étendent depuis les îles Ioniennes et la Grèce jusqu'aux rivages de l'Asie Mineure, il fut presque aussitôt désigné pour commander une escouade de canonniers à bord du

Louis-XIV. C'est dans cette position que le trouva la déclaration de guerre en juillet 1870.

Nos premiers revers sur le Rhin et en Alsace, l'impuissance de notre marine à saisir un ennemi qui se dérobait derrière les bancs de la Jahde ou les fortifications de Kiel, amenèrent le gouvernement à utiliser, soit à Paris, soit aux armées de province, les services des officiers de marine et des marins.

Formé en un bataillon de huit belles compagnies, l'équipage du *Louis-XIV* arriva à Paris le 14 août 1870 avec le capitaine de vaisseau Krantz, commandant de l'Ecole. Ces compagnies de canonniers furent distribuées entre les forts de Romainville, de Noisy, de Rosny, d'Ivry, de Bicêtre et de Montrouge. C'est à ce dernier ouvrage que fut envoyée la 6e avec les lieutenants de vaisseau Carvès et de Courthille.

Les pouvoirs sont d'autant plus ombrageux qu'ils sont plus discutés. L'un des politiciens qui venaient d'assumer la lourde tâche de sauver la France, possédait, suivant la saine tradition révolutionnaire, un penchant pour la délation. Le lieutenant de vaisseau de Courthille lui fut signalé comme n'éprouvant pas une confiance absolue dans les talents stratégiques de Glais-Bizoin ou de Crémieux — et le délégué au ministère de la marine reçut l'ordre de renvoyer l'officier dans son port. C'était le 18 septembre. Ce jour-là, les Allemands investissaient Paris, et l'ordre devint inexécutable. Il fallut s'incliner devant cette situation et le lieutenant de Courthille se vengea de la délation dont il faillit être victime en devenant l'un des plus vaillants défenseurs du fort de Montrouge, en y recevant, au service de la France, une nouvelle blessure dont il ne daigna même pas parler.

Quand donc les gouvernements comprendront-ils que, lorsqu'ils incarnent la patrie, ils trouveront leurs meilleurs serviteurs dans ceux qui, soldats avant tout, ne vivent que pour le devoir et, l'épée à la main, ne connaissent plus les dissentiments politiques.

La défense du fort placé sous le commandement du capitaine de vaisseau Amet reste, on le sait, comme l'un des épisodes les plus consolants du siège de Paris par les Allemands. Lorsque le manque de vivres fit tomber les armes des défenseurs, le fort de Montrouge ne présentait plus qu'un monceau de ruines. Sa garnison avait eu 12 officiers et 163 hommes atteints par le feu de l'ennemi.

Nommé officier de la Légion d'honneur, le lieutenant de vaisseau de Courthille recevait de son chef la note suivante :

« Aussi calme que brave, il a dirigé sa batterie avec une grande intelligence ; rien n'échappe à sa vigilance. C'est un officier complet. »

Dans la vie de ceux de nos contemporains qui ont largement dépassé la cinquantaine, la guerre de 1870 marque une séparation profonde entre ce qui fut et ce qui est. C'est comme une sorte de barrière au delà de laquelle les souvenirs paraissent se reporter à une époque très lointaine, à une France qui ne ressemble pas à la France actuelle.

**

Pendant quelques années les espérances d'une revanche éclatante ont pu soutenir ceux qui ont vécu ces heures douloureuses. Ce que nous voyons autour de nous, depuis plus de vingt ans, a fait disparaître lentement, graduellement, ces illusions généreuses dont il ne reste plus rien.

Pour beaucoup, c'est là une cause de découragement ; pour ceux qui, mieux trempés, ne connaissent que les sentiments de discipline, de devoir et de dévouement, le découragement n'est jamais à craindre. De Courthille fut de ces derniers. On peut dire que, depuis le démembrement de la France, sa pensée constante, de chaque jour, dans tous les actes de sa vie, a été de préparer nos forces navales à la guerre dans la limite de son influence, et qu'il a poursuivi ce but sans défaillance, malgré la tristesse que lui inspiraient tant de mesures désorganisatrices à l'exécution desquelles il assistait. Chaque pierre détachée de notre édifice naval, il s'efforçait de la remplacer ; chacune de nos institutions maritimes ébranlées, il essayait de l'étayer.

Et dans cette voie qu'il n'abandonna jamais, il marchait auprès de l'excellent et illustre amiral Amet, héros modeste, modèle de conscience et de fermeté de caractère. Leurs relations dataient du fort de Montrouge, le commandant Amet avait su apprécier son lieutenant, lui donnait pour toujours son entière confiance et son amitié et demandait, dès lors, son concours chaque fois qu'il prenait la mer. Ce fut successivement sur le *Cuvier*, puis sur la *Renommée*, enfin sur le *Colbert*, qui portait son pavillon de commandant en chef de l'escadre de la Méditerranée.

Nous trouvons donc de Courthille adjudant de division du capitaine de vaisseau Amet, dans la Manche, sur l'aviso le *Cuvier*, de 1871 à 1873, où il commença à rassembler les études et les documents qui devaient lui permettre, plus tard, de commander brillamment notre École de pilotage.

Puis, du *Cuvier*, le commandant Amet l'emmena sur la frégate la *Renommée*, en septembre 1873. Ce bâtiment, succédant au *Jean-Bart*, devait former à la navigation pratique les aspirants sortant du *Borda*.

C'était un nouveau rôle à remplir, et des plus intéressants. Avec le bâtiment-école, commence, en effet, le véritable début d'une carrière dont les études du lycée et de l'Ecole navale ne sont que la préparation. De la manière dont se prononcera ce début dépend presque toujours le goût ou la répugnance que l'officier montrera au cours de toute sa vie active, et l'on comprend de quelle importance est le choix des éducateurs auxquels doivent être confiés des jeunes gens choisis, le plus souvent, sans vocation bien définie, grâce à ce système universitaire, cher à la France comme à la Chine, et qui produit tant de mécomptes.

Parmi ces éducateurs, le lieutenant de vaisseau de Courthille fut certainement l'un des meilleurs, si l'on peut en juger par ceux dont il fut plus spécialement chargé, capitaines de vaisseau aujourd'hui, ayant conservé pour leur premier guide la plus déférente amitié et le plus reconnaissant souvenir.

A son retour des Antilles à Brest, en août 1874, de Courthille trouva sa nomination à un commandement.

C'était un côtre à voiles chargé, dans la Manche,

d'un service de surveillance, l'*Alcyone*. Navire bien peu moderne, on le voit, mais singulièrement attrayant pour qui aime la mer, et son nouveau capitaine l'adorait. Aussi, était-il intarissable sur ses souvenirs de l'*Alcyone*, ses courses hasardeuses à travers les rochers, ses louvoyages, ses coups d'écoute, le côtre couvert d'embruns, couché sous la lourde brise, le plat bord dans l'eau, au milieu du bruissement du sillage — avec, dans les moments difficiles, tenant la barre, le père Laplanche, vieux matelot que les capitaines de l'*Alcyone* se repassaient les uns aux autres, et qui ne dédaignait pas de joindre à ses talents de marin, ceux de domestique attentionné et sûr.

« M. de Courthille est un homme de mer consommé, écrivait l'un de ses chefs. L'*Alcyone*, réputé le plus mauvais côtre de la Division, en est devenu, entre ses mains, le meilleur. Actif, infatigable, il est toujours prêt à exécuter les ordres reçus. Il a tiré de son petit navire un parti inconnu avant lui. »

Arrivé au terme de son commandement, le ministre, amiral de Montaignac, l'appela auprès de lui comme aide de camp.

Ce séjour à Paris, médiocrement dans ses goûts, dura moins d'une année, après laquelle il retourna à la mer, comme capitaine de l'aviso le *Faon*, chargé de l'Ecole de pilotage des pilotes de la flotte.

Cette institution fut plus tard portée du *Faon* sur le *Crocodile*, puis sur l'*Elan*.

Il la dirigea du mois de septembre 1876 jusqu'au mois de mars 1879, d'une manière qui fut appréciée par tous les marins, constamment à la mer, ayant exécuté plus de 500 appareillages ou mouillages et parcouru environ 18.000 milles marins sur nos côtes. Le dévouement dont il fit preuve dans plusieurs sauvetages, son habileté professionnelle, la direction qu'il imprima à un service nouvellement créé, lui valurent un témoignage officiel de satisfaction de la part du ministre, l'amiral Jauréguiberry, témoignage dont les termes sortent complètement des formules habituelles de ces sortes de récompenses.

On peut affirmer, en effet, que cette École de pilotage qui, en temps de guerre surtout, rendrait à la flotte nationale des services inappréciables que rien ne saurait remplacer, est, en grande partie, l'œuvre du capitaine du *Faon*, du *Crocodile* et de l'*Elan*, le fruit de son activité et de son intelligence. Et, dans sa modestie, il attribuait une grande part du succès au pilote-major Hédouin qui, de Bayonne à Dunkerque, connaît la côte de France, ses dangers, ses courants et ses embûches dans leurs détours les plus cachés.

En quittant l'*Elan*, de Courthille fut chargé de rédiger le *Pilote de la Manche*, ouvrage considérable, recueil d'instructions nautiques d'une exactitude et d'une précision parfaites, qui lui valut les remerciments du ministre.

Le 14 août 1879, il fut nommé capitaine de frégate.

Avec le grade de capitaine de frégate arrive rapidement ce que l'on appelle à juste titre : la corvée, c'est-à-dire la corvée par excellence, celle de second d'un cuirassé ou d'un grand croiseur. C'est, pendant toute sa durée, la séquestration absolue. Jamais ou presque jamais à terre, et sur pied pendant dix-huit heures par jour. Jadis, on nommait le second, « lieutenant en pied ». — L'étymologie doit venir de là. — Le second doit tout voir, tout savoir, tout régler, ne rien oublier, ne rien négliger, être partout à la fois — et pour cela, monter et descendre, sans cesse, les innombrables échelles des navires modernes, inspecter, gronder, etc. Avec certains commandants, c'est un enfer. De Courthille fut plus heureux. Second du cuirassé le *Suffren*, puis du *Duperré*, il se trouvait avec les plus aimables des hommes et vit, sans manifester une joie trop accentuée, arriver le terme de cette épreuve. Et si, pour lui, elle se prolongea pendant près de trois années, elle lui valut, du moins, l'inscription au tableau d'avancement et surtout l'estime et l'amitié de l'amiral Lafont, dont le pavillon flottait sur le *Suffren*, qui lui accorda cet éloge mérité qui peint, en deux mots, un caractère : « Il est, à la fois, très énergique et très bienveillant. »

En quittant le *Duperré*, le capitaine de frégate de Courthille reçut le commandement du croiseur le *Segond* (1), destiné à faire campagne dans l'Atlantique Sud.

Il quitta Brest, avec ce bâtiment, le 2 mai 1884, relâcha aux Canaries et au Sénégal, descendit la côte d'Afrique et arriva au Gabon vers le milieu de juin. Jadis la fréquentation du Roi Denis amenait au Gabon quelque gaîté. Ces temps-là ne sont plus et il reste, au milieu d'une végétation splendide, l'endroit du monde habité le plus désagréable, le plus

(1) Segond. — Nom d'un capitaine de vaisseau de la République et de l'Empire qui acquit une certaine célébrité à la suite des magnifiques combats de la frégate la *Loire*, qu'il commandait, contre quatre vaisseaux ou frégates anglaises (1798).

dénué de distractions et aussi le plus malsain. C'est malheureusement le point central de nos possessions et, par suite, le centre de ravitaillement de la station navale.

Le séjour du *Segond* sur la côte de l'Afrique se prolongea jusqu'en janvier 1885. Pendant ces sept mois, le bâtiment visita successivement Loango, Landana, Banane, Ambriz, Saint-Paul de Loanda, Ambrizette, Whydah et Porto-Novo. Sur chacun de ces points renaissent mille difficultés causées par les prétentions, l'attitude agressive et le manque de bonne foi des agents portugais et anglais. J'imagine que la mauvaise santé et la mauvaise humeur générales sont un des stimulants de cette petite guerre de chicane. A peine une complication est-elle écartée, qu'il se présente une nouvelle cause de désaccord.

Par son habileté, en usant, tour à tour, de patience, puis de fermeté ; d'esprit de conciliation, puis de menaces, le commandant de Courthille parvint à protéger efficacement nos nationaux et à empêcher le développement de ces « affaires » si peu goûtées à Paris où, trop souvent, notre politique en ces pays divisés est conduite sans but bien défini et avec une connaissance imparfaite des hommes et des choses.

A Whydah et à Porto-Novo, les agissements anglais étaient tels cependant qu'ils équivalaient à une guerre clandestine et l'on sait de quelle façon la question a été réglée à notre avantage, six ans plus tard, en 1892.

Le commandant du *Segond* s'y trouva donc aux prises avec de grandes préoccupations et le ministre, en approuvant sa conduite, lui fit écrire : « J'ai remarqué tout particulièrement le tact et le jugement dont le capitaine de frégate de Courthille a fait preuve pendant son séjour à Porto-Novo, et je me plais à reconnaitre la netteté de ses vues, indiquant les mesures à prendre. J'espère qu'il sera possible de donner suite à ses propositions — mais, quoi qu'il advienne à cet égard, je vous prie de lui faire savoir que j'apprécie hautement la façon dont il exerce son commandement. »

Le *Segond* visita ensuite la colonie allemande d'Angra-Pequêna, où l'on ne rencontre pas une goutte d'eau à boire ; puis, traversant l'Atlantique, termina sa campagne au Brésil et dans la Plata.

Nommé capitaine de vaisseau le 28 mars 1885, il ramena son bâtiment en France au mois d'août suivant.

Mais, malgré les fatigues qui l'avaient éprouvé, nous le retrouvons, moins de deux mois après, avec un nouveau commandement.

J'ai dit plus haut en quelle estime le tenait l'amiral Lafont. Appelé à la tête de l'escadre de la Méditerranée, l'amiral lui offrit le commandement du *Colbert*, sur lequel il devait placer son pavillon.

Après son débarquement de ce cuirassé, à la fin de l'année suivante, l'amiral Lafont lui rendait le témoignage suivant :

« M. le capitaine de vaisseau de Courthille est l'un des officiers de guerre les plus solides que je connaisse. Bon manœuvrier, plein de sang-froid et de ressources, il exerce une grande influence sur son état-major et son équipage, dont il est profondément aimé. M. de Courthille sera l'un de nos bons officiers généraux de l'avenir. »

Un séjour de douze mois en escadre occasionne plus de fatigues qu'on ne le croit généralement. Les exercices nombreux, les sorties fréquentes, les grandes manœuvres surtout, obligent les commandants à une tension d'esprit continuelle et à une grande dépense de forces.

Peu ami du repos, le commandant de Courthille ne quitta cependant le *Colbert* que pour passer sur le cuirassé neuf l'*Amiral-Baudin* et de là, en mars 1887, sur le croiseur le *Villars*, faisant partie d'une division navale d'expérience de torpilleurs organisée par le ministre, alors l'amiral Aube.

Ces manœuvres et expériences eurent ce résultat important de mettre en relief, d'une façon indiscutable l'impossibilité d'utiliser les torpilleurs au large sans leur donner des dimensions suffisantes pour en faire de véritables navires en mer. Les « autonomes » de la jeune école ne se relevèrent pas de cet échec qu'il était, d'ailleurs, si facile de prévoir. Chargé de convoyer et d'appuyer cette poussière navale, le *Villars* désarma après les manœuvres, et son commandant, devenu libre, fut appelé, par l'amiral Amet, au poste de chef d'état-major de l'escadre de la Méditerranée. Il se trouvait ainsi le principal et fidèle collaborateur de son ancien chef.

Les services qu'il rendit dans cette position, l'une des plus importantes que puisse exercer un capitaine de vaisseau, firent renouveler, une fois encore, cette note que nous trouvons sous la plume de l'amiral Garnault en 1881, sous celle de l'amiral Krautz en 1883, de l'amiral Lafont et de l'amiral Amet :

« Dans l'intérêt de la marine, il faut lui faire remplir, le plus tôt possible, les conditions nécessaires pour l'avancement. »

Un poste de confiance ne tarda pas, en effet, à lui être donné : le commandement de l'Ecole navale, qu'il dirigea d'octobre 1889 à octobre 1891. Au commandement de l'Ecole navale est attachée la fonction de membre du conseil de perfectionnement des Écoles navales et la présidence de la commission d'examen pour l'admission à l'Ecole. Tout cela exige, non pas un travail considérable, mais du moins un jugement très sain, un tact très sûr, avec le sentiment exact de ce que doit être, à notre époque, la direction donnée à un futur officier de marine.

De Courthille — nous avons déjà eu l'occasion de le dire — avait, au plus haut degré, ces différentes qualités. Il comprenait qu'au premier rang se plaçait l'obligation de développer chez ces jeunes gens l'esprit militaire et l'esprit de corps, sans lesquels n'existe jamais cette cohésion, cette communauté de pensées, cette recherche ardente du but à atteindre. Privée de ces qualités, une marine ne saurait espérer aucun succès. Il voulait réformer, par exemple, l'enseignement historique, si mal compris dans les écoles militaires et m'écrivait : « C'est à notre point de vue exclusif de marins qu'il faut l'enseigner. Il faut faire ressortir les enseignements que comporte l'histoire de la marine ; montrer — et cela ressort de chaque combat, de chaque campagne — que l'absence de discipline, les encouragements donnés à ceux qui se font un jeu de l'enfreindre, la perte des saines traditions ont toujours conduit la marine à l'impuissance et à la ruine. »

Que d'erreurs, en effet, eussent été évitées si le passé eût été mieux connu, je ne dis pas du public, mais des marins de profession. Quel est celui, parmi eux, qui ayant médité nos guerres navales se hasarderait, comme on l'a fait si récemment encore, à placer des troupes sur nos navires de guerre ; à encombrer nos cadres de l'élément civil ; à affaiblir le commandement ; à essayer, en un mot, comme le firent la Constituante, la Législative et plus encore la Convention, de faire une marine sans marins.

A l'École, le commandant de Courthille a essayé de mettre en lumière ces leçons. Pouvons-nous espérer qu'elles seront comprises des jeunes officiers, et qu'ils sauront empêcher un jour le renouvellement des fautes, des folies, qui ont marqué la décadence de notre flotte nationale à la fin du XVIIIe siècle.

Le 26 avril 1892, six mois après avoir quitté la direction de l'Ecole navale, le capitaine de vaisseau de Courthille recevait les étoiles de contre-amiral. Mais ces six mois n'avaient pas été consacrés au repos. Adjoint à l'Inspection générale de la Marine, il avait dû remplir différentes missions dans les arsenaux, lorsqu'il fut placé comme major général à Brest, au commencement de janvier 1893. Il y resta jusqu'au mois d'août 1895. Au cours de ces trente et un mois d'un service des plus actifs, il conduisit les essais à la mer de plusieurs de nos bâtiments de combat, perfectionna la défense des côtes du 2e arrondissement, remplaça à différentes reprises le Préfet maritime et ne résigna ses fonctions qu'à la veille de retourner à la mer.

Nommé commandeur de la Légion d'honneur en

juillet 1895, il prit, à la date du 10 février 1896, le commandement de la 2e division de l'escadre du Nord et hissa son pavillon sur le *Bouvines*.

En juin 1897, il passa provisoirement du *Bouvines* sur le *Pothuau* et fut chargé de représenter la marine française au jubilé de la reine Victoria. Le gouvernement ne pouvait mieux choisir. L'amiral avait, en effet, depuis longtemps, de cordiales relations avec des officiers généraux anglais, notamment avec l'amiral Sir John A. Fisher; il avait été présenté à la Reine en 1891, à Osborne, et ces circonstances étaient de nature à lui faciliter sa mission.

Parti de Cherbourg le 19 juin, le *Pothuau* arriva le même jour à Portsmouth et assista, sur la rade de Spithead, à cette incomparable revue navale de la marine britannique qui avait réuni 21 cuirassés, 52 croiseurs et 93 canonnières, destroyers ou torpilleurs.

Les fêtes du Jubilé se prolongèrent les 21, 22, 23 et 24 juin 1897, à Portsmouth, à Londres et à Windsor.

L'accueil le plus empressé et le plus flatteur avait été réservé au représentant de la marine française.

Au mois d'août suivant, l'amiral fut chargé, toujours avec le *Pothuau* et deux autres bâtiments de l'escadre du Nord, de conduire en Russie le président Félix Faure.

Ayant quitté Dunkerque le 18 août, cette petite division arriva devant Cronstadt dans la matinée du 23, après une courte relâche sur les côtes de l'île de Gotland.

On se souvient de l'incident du *Bruix*. Une avarie de machine obligea ce bâtiment à quitter l'escadrille présidentielle et à regagner les côtes de France quelques heures après le départ. Cet incident, certes malheureux, mais qui rentre dans la catégorie ordinaire des risques de mer, avait provoqué, dans la presse, une véritable levée de boucliers contre la marine, et cela à l'étonnement de toutes les marines étrangères et à l'indignation des officiers russes.

Le croiseur *Dupuy-de-Lôme*, averti de l'incident, reçut l'ordre de remplacer le *Bruix*. Son commandant, le capitaine de vaisseau Valéry, depuis contre-amiral ; les mécaniciens et chauffeurs de ce navire firent preuve : l'un d'une telle hardiesse et les autres d'une telle entente du service des machines, que lancé à toute vitesse dans des parages étroits et difficiles, notamment dans les Belts, sans une heure d'arrêt, prouvant ainsi une endurance remarquable, le *Dupuy-de-Lôme* regagna la division du président avant son arrivée et mouilla en même temps qu'elle dans le golfe de Finlande.

Cette belle traversée du *Dupuy-de-Lôme*, exemple de ce que l'on peut demander à un bâtiment bien commandé et armé depuis longtemps, valut à son personnel les félicitations de tous les marins étrangers, les chaleureux applaudissements des officiers et mécaniciens russes — et le silence de la presse de notre pays.

Partie de Russie le 26 août, la division mouilla devant Dunkerque le 30 dans la nuit. Peu de jours après, l'amiral reporta son pavillon sur le *Bouvines*.

Le commandement d'une division de l'escadre du Nord permit à l'amiral de Courthille de donner de nouvelles preuves de son savoir au cours des grandes manœuvres et aussi dans cette navigation de la Manche et de l'Océan qui lui rappelait les jours de l'*Alcyone* et de l'Ecole de pilotage.

Débarqué le 10 février 1898, il prit, le 1er mars, la présidence du Comité hydrographique qu'il conserva jusqu'à sa nomination au grade de vice-amiral en février 1899. Il l'échangea alors contre un siège au Conseil des Travaux de la Marine, sous la présidence de l'amiral Gervais.

Aux délibérations de ce Conseil, il apporta sa grande expérience pratique et sa parfaite connaissance du matériel de la flotte, fruit des longues et patientes études qu'il avait faites, non seulement en France, mais encore chez nos rivaux. Il laissa, dans ce Conseil, un vide difficile à combler lorsqu'au mois de janvier 1901, il fut appelé à la Préfecture maritime de Brest et au commandement en chef du 2e arrondissement maritime.

Avant de le désigner, le ministre lui avait dit :

« Mais, amiral, vous allez à la messe ? — Oui, Monsieur le Ministre, je vais à la messe et je dois vous déclarer que je continuerai à y aller. » En janvier 1901, les passions antireligieuses n'étaient pas encore ce qu'elles sont devenues depuis ; et le ministre d'alors, courtois et bienveillant pour les officiers, n'avait pas eu l'idée de déclarer la guerre aux amiraux.

Non seulement l'amiral suivit sa destination, mais encore lorsqu'il quitta son poste en octobre 1901, M. de Lanessan formula ainsi son jugement :

« Il n'y a pas d'officier plus simple, plus digne et plus loyal que le vice-amiral de Courthille. »

A Brest, il tomba gravement malade et il était à peine rétabli lorsqu'il fut nommé au commandement en chef de l'escadre du Nord. Le 30 décembre suivant, il fut élevé à la dignité de grand-officier de la Légion d'honneur.

A la tête de l'escadre, la préparation à la guerre de cette partie importante de nos forces navales occupa tous ses instants. Excellent pratique de nos côtes, il avait conduit toute son escadre dans une rade de refuge, ignorée jusqu'ici, qui peut être très précieuse en temps de guerre. Lors des grandes manœuvres de 1902, il avait mis pleinement en évidence de grandes qualités de tacticien qui furent remarquées de tous et faisaient dire à l'amiral Reveillère : « On eût aimé à combattre sous ses ordres. »

Le 1er avril 1903, il quitta le *Formidable* qui, jusqu'alors, avait porté son pavillon, pour le placer sur un cuirassé plus moderne, le *Masséna*. C'est sur ce bâtiment, devant La Rochelle, que la mort l'a brusquement frappé, le 5 juin 1903.

A ce moment, il était dans sa quarante-cinquième année de services et comptait plus de trente années de mer.

A ses obsèques, avant le défilé des marins et des troupes devant le cercueil que recouvrait le drapeau national, le contre-amiral Pephau, au nom de l'escadre du Nord, est venu dire la profonde affection qu'il avait su inspirer aux officiers et aux équipages de son escadre, comment il avait su gagner le cœur de ceux qui servaient sous ses ordres par sa bienveillance, sa sollicitude et l'attention avec laquelle il s'occupait des intérêts de chacun. Jamais éloge ne fut plus mérité, ne traduisit mieux la pensée de tous.

La mort a pris l'amiral de Courthille quelques mois à peine avant le moment où devait cesser son dernier service à la mer ; moins de deux ans avant celui où, passant au cadre de réserve, il lui eût été possible de jouir d'un long repos parmi les siens.

Déjà, il faisait des projets pour achever tranquillement sa vie dans la Creuse, dans la commune de Peyrat-la-Nonière où il possédait le château de la Voreille et qui garde aujourd'hui ses restes mortels. « Je n'accepterai, disait-il, pas même d'être conseiller municipal de Peyrat. Je laisserai aux cultivateurs l'honneur de représenter la commune. Mais, volontiers, je deviendrai leur conseiller et j'emploierai mes loisirs à les visiter chez eux, en compagnie de mon curé, pour leur témoigner mon affection, les éclairer et les rapprocher de Dieu et de la religion. »

Car, l'amiral fut, à la fois, un éminent serviteur de la France, un bon et fidèle chrétien.

Ces deux traits résument sa vie. C'est dire combien ses dernières années auront été attristées, par le spectacle qui s'offre à nos yeux : le drapeau insulté, la religion persécutée, la marine livrée à l'arbitraire ; ceux qui doivent obéir bassement adulés ; ceux dont la mission est de commander au nom de la patrie, odieusement traités, et la discipline perdue.

Et il m'écrivait :

« Nous paraissons frappés du vertige qui précède les catastrophes. Il s'établit, à bord, des habitudes de mauvaise camaraderie, de délation même et je crains, mon cher ami, que les prévisions les plus pessimistes ne soient bientôt dépassées. Il y a de quoi pleurer des larmes de sang quand on songe à ce que l'on a fait de tant de bonnes volontés ! Je m'arrête : cela me rend trop malheureux... et pourtant, il faut garder la foi quand même. »

Aux douleurs du patriote s'ajoutaient celles du chrétien. Et il vit, à Peyrat, les religieuses que sa famille y avait établies au milieu des pauvres et des malheureux, chassées par les ordres d'un homme qui montre au pouvoir, où la France le tolère, le type le plus répugnant de l'espèce humaine : le renégat.

Le soir, l'amiral disait sa prière. « Elle repose mon âme, écrivait-il, et me prépare à la tâche du lendemain. Et puis, c'est le moment où je me remets entre les mains de la Providence. J'espère qu'elle me vaudra de mourir sans terreur. »

Ces sentiments chrétiens n'étaient pas seulement sur ses lèvres, mais au plus profond de son cœur. Voici un trait signalé par le docteur Le Bec, chirurgien à l'hôpital Saint-Joseph :

« Il y a cinq ans, l'amiral nous envoya son domestique atteint d'une grave maladie. L'état semblait désespéré. L'amiral, pendant quarante jours, venait voir son serviteur chaque matin, restait longtemps auprès de lui, remontait son moral par des paroles affectueuses. Je suis certain que cette grande bonté a été pour beaucoup dans la résistance morale dont ce jeune malade a donné la preuve et qui a pu amener sa guérison. C'est là un exemple admirable de charité. Je l'ai laissé dans l'ombre tant que l'amiral vivait, mais maintenant je pense qu'il est bon de révéler les trésors de bonté que recélait son grand cœur. »

Dans cette âme profondément chrétienne, disait l'aumônier de l'escadre du Nord, la calme insouciance du marin était devenue une confiance raisonnée et absolue en la Providence. Il avait le culte de la volonté de Dieu. C'était en quelque sorte le pivot central de sa prière quotidienne, l'orientation finale des actions importantes de sa vie.

La commune de Peyrat-la-Nonière, dont il a été le bienfaiteur, a rendu à sa dépouille mortelle les plus grands honneurs.

La triste cérémonie a eu lieu le 9 juin, au milieu d'une affluence extraordinaire.

A l'église, son éloge funèbre a été prononcé par l'abbé Savoyant, professeur à Felletin. Au cimetière, le maire de Peyrat, le capitaine de vaisseau Aubin, le chef d'état-major de l'escadre du Nord et le commandant Lormier, du *Masséna,* ont pris successivement la parole au milieu d'une assistance émue. De tous côtés, d'ailleurs, les témoignages de la plus vive sympathie ont été prodigués à sa famille. Ils venaient de S. M. le roi d'Angleterre, de plusieurs officiers généraux de la marine britannique, de tous les amiraux, officiers supérieurs et autres, ses anciens camarades, du curé de Montfort où il fut élevé, de l'évêque de Quimper, du directeur de l'Observatoire de Paris, etc.

Tous comprenaient que la France et la marine venaient d'être cruellement atteintes.

Et pourquoi — bien qu'il s'agisse de moi — n'ajouterais-je pas un dernier trait à la vie de cet homme de bien. Lorsqu'en 1893, frappé par un deuil cruel, je fus contraint d'abandonner la marine que je pouvais servir encore activement pendant douze années : lorsque, brusquement et le même jour, se termina pour moi et la vie de famille et la vie de marin, c'est chez mon vieux camarade de Courthille que je trouvai les meilleurs conseils et les seuls encouragements. Chacune de ses lettres me réconfortait. Il m'engageait à lire et à relire l'*Imitation* et ajoutait : « C'est l'espoir en Dieu, en la récompense de douleurs courageusement supportées, la charité envers de plus malheureux, qui pourront vous rendre le calme. C'est l'impuissance de l'homme à adoucir les peines et les souffrances morales qui m'a confirmé dans mes croyances religieuses ; et je prie Dieu qu'il vous donne la force et le courage dans la plus douloureuse épreuve que l'on puisse subir. »

Et cette même et ardente prière, je la fais, à mon tour, pour la femme, les enfants, le frère qui le pleurent aujourd'hui.

La Perrière (Tonnay-Charente).
Septembre 1903.

2202-03. — Imprimerie des Orphelins-Apprentis, F. BLÉTIT, 40, rue La Fontaine, Paris.

www.ingramcontent.com/pod-product-compliance
Ingram Content Group UK Ltd.
Pitfield, Milton Keynes, MK11 3LW, UK
UKHW020950220726
13924UKWH00002B/609

9 782019 930134